Visión Libros

RETABLO DEL AMAR
Y DEL DESAMAR

Carlos d'Ors

RETABLO DEL AMAR Y DEL DESAMAR

(Teatro Poético en 2 Actos)

© Obra: RETABLO DEL AMAR Y DEL DESAMAR

Primera edición: Enero, 2025

© Autor: Carlos d'Ors

ISBN: 978-84-10039-11-7
Depósito Legal: M-755-2025

Maquetación: Jesús Navarro
Diseño de cubierta: Carlos d'Ors

© Editado por VISION LIBROS www.visionlibros.com

Gestión, promoción y distribución: Grupo Editor Vision Net S.L.
C./ San Ildefonso 17, local, 28012 Madrid. España.
Tlf: 0034 91 3117696 // Email: pedidos@visionnet.es
www.visionnet-libros.com

Disponible en librerías físicas y online.

Las opiniones expresadas en este trabajo son exclusivas del autor. No reflejan necesariamente las opiniones del editor, que queda eximido de cualquier responsabilidad derivada de las mismas.

DEDICATORIA:

ESTE POEMARIO DE
TEATRO POÉTICO EN 2 ACTOS

se lo dedico a los

Intérpretes de la obra:

*Telonero: **Santiago d'Ors**
*Rapsoda 1/Autor: **Carlos d'Ors**
*Rapsoda 2: **Blanca del Castillo**
*Actriz-Bailaora: **Claudia Bate**
*Compositora y Pianista: **Ana María Sánchez**

Estreno el ***12 de febrero de 2025***

Teatro TRIBUEŃE de Madrid

PREÁMBULO

RUGE EL HURACÁN DEL AMAR Y GRITA SU FURIA

Es hermoso que el poeta se acerque a la escena y desde allí convoque a la comunión artística como un conductor de almas y cuerpos. Es lo que hace **Carlos d'Ors** en este *Retablo del Amar y del Desamar*, una obra de Teatro poético en dos actos. Y lo hace con un sugerente dramatismo romántico.

El teatro, búsqueda, desenmascaramiento del ser y catarsis de la conciencia, es vehículo privilegiado para abrazar al otro, a la otra, y sentir con él, sentir con ella, el gozo y la tristeza de la vida. *"En la lejanía / ruge el huracán / y grita su furia / la tempestad"*, confiesa **Verlaine** desde la ausencia. Este *Retablo del amar* es una confesión desde la presencia. En escena, la palabra que pide, acunada por el misterio de la música, y en la platea, la palabra recibida.

En el primer acto, el **amar** abre la puerta. Con la llave de la voz de la palabra. Está el actor que emite su angustia y el espectador que recibe el correo temido, o deseado. El ser humano, la seductora o seducida, con metros por medio, o kilómetros. Avenidas de oscuridad, alamedas de tinieblas, pozos de temores, para llegar al fondo de los fondos, al ocaso de las luces. Y la pausa, el descanso, la reflexión, para asimilar el pasado, paladear el sabor amargo de la anagnórisis. Fortalecernos ante la tragedia que se ha engendrado, y que se nos viene encima.

Y que llega en el segundo acto, el acto del **desamar**.

Todos prevenidos, que el actor no se va a andar con cataplasmas, los puñales, las dagas y los sables salen de sus vainas. La herida se abre y el dolor emerge como torrente. El patio de butacas se tiñe del rojo de la sangre. No fuera, sino dentro. Que el poeta es educado y el espectador y la espectadora, discretos. Los personajes de la gran poesía del mundo salen a escena, entre el recuerdo y el olvido. La frustración, la ausencia, el fracaso, la lejanía, la desdicha, y todas las soledades desfilan ante el público, que sobrecogido recibe los disparos verbales de unos versos que son proyectiles dirigidos al infinito de los infinitos.

Y solo queda la salida, la huida, la desbandada. Porque el poeta no solo baja el telón, sino que cierra la puerta de su almario. Es un final sin marcha atrás. Y esa espectadora, ese espectador..., se llevan su catarsis a su casa. Ha sido teatro. Una tragedia. La del amor y el desamor. La de la Vida.

Ignacio Amestoy.
Dramaturgo.

ENTRADA

Hay una sola Puerta
en la que, si un Ser Humano entra,
encuentra la Poesía
con todas sus bendiciones…

Pero esta Puerta no se abre por sí sola,
necesita una Llave…

Esta Llave está
en lo más profundo de nuestro Ser…

Si un Ser Humano encuentra
esa Llave, y abre la Puerta,
será POETA…

Y HOY SERÁ POETA
en este

RETABLO DEL AMAR
Y DEL DESAMAR

ACTO PRIMERO:

AMAR

1

HUMANO QUE NO AMAS

Ay, humano que no amas,
puebla tu alma de amor,
no dejes que por tus venas
corra la sangre de la soledad y de la nada.

Humano que no amas,
humano ni tan siquiera eres.
Nada eres, nada,
sólo una tierra inmensa
de ausencia y ansia.

Humano que no amas,
llena tu corazón de esa caricia eterna,
que, como gigantesca ave,
poblará tu cielo con su inmensa ala…

¡Ay, humano que no amas!…
¡Ay, humano que no amas!…
¡Ay, humano que no amas!…

2

METÁFORA

No te alejes de mí.
No me hieras con el batir de tus alas.
Vuela a mi casa. Y pósate en ella.
Vuela después.
Eres pura metáfora.

¡No te alejes de mí!…
¡No te alejes de mí!…
¿No te alejes de mí!...

3

NOCHE

Sí, amada mía,
aprisionado estoy en agonía,
y en desvelo de anhelo,
tu corazón llena
con tenaz porfía
mi soledad umbría.

Y en mi noche oscura,
conseguir espero
alcanzar el cielo
de tu amorosa altura.

Noche oscura…
Noche oscura…
Noche oscura…

4

LOCURA

Mujer seductora, mujer hechicera,
te añoro siempre, te adoro entera.

Ave viajera eres, volando en mi destino,
mi sino es tenerte, en la senda de mi camino.

Tú eres mi tabla salvadora,
tú, mi afán, mi tormento.

Cómo no quererte, cómo no desearte,
grita mi corazón a ciegas,
la locura de amarte.

Locura de amarte…
Locura de amarte…
Locura de amarte…

5

INCENDIO

No cierres mis ojos con cerrojos…
No tapes tus oídos a mis voces…
No hagas enmudecer mis palabras…
No dejes caer mis lágrimas…
No me abras más heridas…

Deja que, ¡por fin!,
penetren mis llamas
en tu casa y que puedas retenerlas
y tocarlas,
y, como en un incendio,
tu casa, como la mía,
¡arda!...

¡Tu casa arda!...
¡Tu casa arda!...
¡Tu casa arda!...

6

ANHELO

Cómo crece en mí
el incesante anhelo
que invoca tu ventura
en el aire de la tarde
y se alza como un mar embravecido
la certidumbre de desearte
en el frenesí del anochecer.

Hacia ti entrego
todo mi ser desplegado
para que ames con ímpetu ciego
la posesión de mi ser
y te deslices por el abismo de nuestra unión
en el infinito insomne de la noche.

el incesante anhelo…
el incesante anhelo…
el incesante anhelo…

7

VÉRTIGO

Sentirte como una luz interminable,
vértigo perfumado,
quietud nocturna del latido cercano.

Percibir como una flor esbelta
tu cuerpo en la noche constelada
que va dejando en el aire,
en todos los lugares míos,
tu presencia exacta.

Y tu dulcedumbre forma
en el delgado viento…

Vértigo perfumado…
Vértigo perfumado…
Vértigo perfumado…

8

PIEL

Tu cuerpo, prieto de luz,
ardor y fuego de vértigo,
topacio de sol, ebrio de vida.

Ola tuya del amor,
fulgor transparente,
tu cuerpo encendido.

Soy prisionero
de la luz que envuelve
el contacto en tu piel,
estremecida.

En tu piel, estremecida...
En tu piel, estremecida...
En tu piel, estremecida...

9

QUERER

Con tu mirada intensa de siempre, alguien
-que da la casualidad de que eres tú-
me está mirando desde siempre, desde siempre.
Y siento que este algo indecible estaba en mí,
penetrado desde siempre, desde siempre.

Alguien… que desde siempre me quería decir,
"Te quiero, te quise siempre",
y que puso en mí desde siempre
todo el latir de su tiempo, desde siempre.

Alguien… que estaba allí desde siempre,
en el umbral de mi viento desde siempre,
y que había entrado desde siempre
por la puerta invisible de sentir desde siempre
por decir, desde siempre:
"Lo sé. Te quiero. Te Quise Siempre…"

Te Quise Siempre…
Te Quise Siempre…
Te Quise Siempre…

10

BESOS

He recorrido kilómetros y kilómetros, buscando tus besos.
Y me he dado cuenta de que esos kilómetros y kilómetros,
no son nada sin ti, sin tus besos.
No son más que versos, sin tus besos.
No son más que versos y más versos…

He recorrido kilómetros y kilómetros, sin recibir tus besos.
He recorrido kilómetros y kilómetros para componer estos versos.
He recorrido kilómetros y kilómetros, componiendo versos,
sin recibir tus besos. He recorrido kilómetros y kilómetros,
componiendo versos en la carretera. He recorrido kilómetros
y kilómetros con deseos de ti, de tus besos.

Deseos de ti, de tus besos…
Deseos de ti, de tus besos…
Deseos de ti, de tus besos…

11

AMOR

Yo improviso poemas, y poemas, y Amor
retiene mis palabras entre mis versos, escondidas.
Mi voz se escucha entre atardeceres de luces aún soleadas.

Pero, y Amor, ¿se oculta? ¿Cuál es su verdadero ser?

Yo me descuajo, anulado quedo. Y me inclino ante Eros,
perdido entre sus trémulas voces.

Y en un instante Amor habitó en mí,
entre mis restos ardientes ya olvidados,
casi opacados de besos y versos sin término.

Y me hallo sin ventura, olvidado, sin tierras que presuman
de las últimas flores para poder acariciarlas y olerlas.

Pero aún queda, entre ambos, un ocaso de luces amarillas y rojas
en que poder mirarnos a los ojos y un oasis de aguas transparentes
para navegar y navegar, Amor…

Para navegar y navegar, Amor…
Para navegar y navegar, Amor…
Para navegar y navegar, Amor…

ACTO SEGUNDO:

DESAMAR

12

AHORA

Ahora supe del dolor de tus besos,
la herida que llevaban tus labios,
el perfume de tu cuerpo encendido,
supe del ardor de tus labios húmedos
sobre mi cuerpo encendido,
supe del ardor de tus labios húmedos
sobre mi cuerpo tembloroso e incierto.
Supe que todo era cierto y es doloroso.
Ahora cuando todo es imposible
y tú ya no recuerdas todo esto.
Ahora supe del dolor de tus besos.
Ahora supe todo esto, todo esto.
Ahora, cuando a ti no te queda
ni tan siquiera el recuerdo.

Ni tan siquiera el recuerdo…
Ni tan siquiera el recuerdo…
Ni tan siquiera el recuerdo…

13

SOMBRA

No llores tú a quien yo amaba…
Lo que ya no es, no fue nunca…
Deja olvidar tu sombrío dolor…
Una sombra no puede llorar a una sombra…

No llores más…
Olvida, olvida…
No fue, no pudo ser…
No fue, no pudo ser…
Una sombra no puede llorar a una sombra…
Una sombra no puede llorar a una sombra…

No fue, no pudo ser…
No fue, no pudo ser…
No fue, no pudo ser…

14

¿RECUERDAS?

En aquel parque solitario y nostálgico,
dos sombras pasan, vagabundas.
Sus voces apenas se oyen,
flotando como están entre los árboles,
apagadas y errabundas.

¿Recuerdas todavía aquellos, nuestros paseos?
¿Por qué ese placer indecible en volver la memoria?
¡Recuerdas nuestros sueños, juntas las bocas?
¡Qué azul más claro! ¡Qué cielo más limpio!

¿Recuerdas?...
¿Recuerdas?...
¿Recuerdas?...

15

SEPARACIÓN

Tuve tu mar en mí y el fuego de tu ternura.
Tuve tu tierra armoniosa y la sombra de tus árboles.

Mas ahora me abandona el tiempo de la dicha.
Tu mar ya no me moja. Tu fuego no me calienta.
Tus árboles no me cobijan.
Y tu soledad me abruma como a un animal herido.

Ya no veo la alegría de tu luz.
Sólo presiento el fantasma asfixiante de nuestra separación,
inevitable.

Separación inevitable...
Separación inevitable...
Separación inevitable...

16

AUSENCIA

Te busqué,
pero tú no estabas allí.

Te hice señas,
pero no hiciste caso.

Perseguí tu risa,
pero me hirió tu beso sin mañana.

Esperé la dicha de amarnos,
pero me hallé en tus nubes, sin tu cielo.

Entré en tu barca,
pero estuviste ausente,
en tu playa sin orillas.

No estabas allí…
No estabas allí…
No estabas allí…

17

FRACASO

Cómo podría evocarte
si tu paisaje se esfumaba
como el movimiento de un lejano astro
que se anhelaba alcanzar.

Yo subí en la dicha
y descendí en la desdicha.
Y reconozco en mi hallazgo,
una desilusión, un fracaso.

Un fracaso…
Un fracaso…
Un fracaso…

18

ALEJAMIENTO

Toda la tierra desnuda.
Las espumas rompen las aguas.
El mar se aleja.

Todo siempre es así.

Quisiera darte un último beso.
Ya no podré alcanzarte.
Da igual.

La gaviota vuela temblorosa.
Da igual.

Da igual…
Da igual…
Da igual…

19

DESDICHAS

No son lágrimas
las que caen de mis ojos,
sino los portazos
en los confines de mi amor.

El amor tiene funestos rincones.

Repito a voces con mis ojos,
ojos bañados en lágrimas,
el espesor de mis desdichas
en mis ojos de gato.

Mis desdichas…
Mis desdichas…
Mis desdichas…

20

SOLEDAD

Se desveló y destapó mi tristeza,
arribando en mí la atonía y el vacío.
Sólo escuché el silencio de ningún eco.

Y no pude conjurar las lágrimas
que, lentas, fluían
desde las pupilas hasta mis mejillas.
Sólo pude y supe fabular tu ausencia,
dibujando y pintando franjas de
soledad.

Franjas de soledad…
Franjas de soledad…
Franjas de soledad…

21

DESAMAR

Cerrarán la puerta del otro lado.
En vano intentará penetrar en la casa; en vano.

Echarán la llave y el cerrojo bien asegurado.
La tirarán lejos, lejos del alcance de su mano.
Y quedará él fuera, de todo amor llenado.

Triste, solo, y el cuerpo, helado.
Con el viento, como un lobo hambriento, aullando.
Y su cuerpo, indefenso, temblando.
Y el desamor, triunfando…

Y el desamor, triunfando…
Y el desamor, triunfando…
Y el desamor, triunfando…

22

DOLOR

Eres incorpórea,
eres intangible…

Ven, acércate
y bésame…

Eres corpórea,
eres tangible…

Huye, aléjate de mí,
y déjame…

¿Ilusión?
o ¿Engaño?

¡Oh, ráfaga de amor,
llévame y arrástrame en mi dolor!

¡Llévame y arrástrame en mi dolor!…
¡Llévame y arrástrame en mi dolor!…
…¡arrástrame en mi dolor!…

SALIDA

Lloró el Poeta, llanto en Calma.
Y su Dolor fue Pena nuestra
en el Alma…

Nos llevó de la Pasión al Desencanto.
Y nos hizo comprender, en su Canto,
los sentimientos del Amar
y los sufrimientos del Desamar…

TERMINA AQUÍ,
AMADO PÚBLICO,
NUESTRO

"RETABLO DEL AMAR Y DEL DESAMAR".

ÍNDICE

* * *

HE VESTIDO DE AUSENCIAS MI CUERPO.

HE CEÑIDO DE ABRAZOS MI DOLOR.

HE CUBIERTO DE ROSAS MIS DESENGAÑOS.

HONOR Y GLORIA DE MI EXISTIR.

* * *

BIOGRAFÍA de Carlos d'Ors

Carlos d'Ors (San Sebastián, 1951): Doctor en Historia del Arte (Universidad Complutense y UNED), profesor de Teoría del Arte y Arte Contemporáneo en la UNED y Conservador de Dibujo en el Museo Reina Sofía. Pintor y poeta.

Como **pintor** ha realizado más de una veintena de exposiciones individuales y ha participado en múltiples exposiciones colectivas. **Como narrador** ha publicado el anecdotario ilustrado de pintores *Vivir entre pinceles* y 2 libros de relatos ilustrados, *Hilos de Ariadna* y *Ocho mujeres*.

Como **poeta** cultiva la *elegía*, el *haiku senryu*, el *aforismo*, el *apotegma*, el *epigrama*, la *paradoxa*, y los poemas breves: *Hechizos, Amares y Delirios* (1974-1994); *Conjugando la Biodanza* (ilustrado); *Cómo son*; greguerías de escritores con sus retratos dibujados; *El ojo del alba*, de senryus y poemas; *Cabeza bajo el agua*, paradoxas y aforemas del comportamiento humano; *Más allá del horizonte*, (aforemas sobre el desierto), ilustrado con dibujos al gouache a color de cada uno de los aforemas en versión bilingüe español-árabe, y *Puras Coincidencias*. *80 Amigos Poetas*, ilustrado con los retratos de los 80 Poetas Amigos seleccionados (Centro Editor); *A ras del cielo* (Centro

Editor)), **Zborul** (*El Vuelo*), antología bilingüe de sus mejores poemas traducidos al rumano (Junimea Editrice), **Querida Naturaleza** (Editorial Olifante), **La Jaula de Oro** (Cuadernos del Laberinto) de apotegmas y *Retablo del Amar y del Desamar*, de Teatro poético en dos actos (Vision Libros).

Enero 2025.